민이오 글·그림

홍익대학교에서 애니메이션을, 영국 킹스턴대학교에서 일러스트레이션을 공부했어요.
그림책을 작업할수록 사회에서 소외받는 사람들에게 관심이 생겨요.
세상이 그들을 좀 더 배려하도록 돕는 책을 만들고 싶어요. 『우리의 섬 투발루』가 그 첫걸음이 되면 좋겠어요.

정종오 사진

현재 녹색경제신문 환경과학부장으로 2017년 8월 초 남태평양 피지, 투발루, 통가 등 세 나라를 취재했어요.
이 세 나라는 기후 변화로 해수면이 상승하면서 바닷물에 잠기고 있어요.

우 리 의 섬
투발루

민이오 글·그림

크레용하우스

나는 남태평양 한가운데, 투발루에 살고 있어.
투발루는 산호초가 쌓여 만들어진 작은 섬이야.
그래서 산이 없고 땅도 아주 낮아.
땅이 좁고 길어서 넓은 바다와
산호초 호수인 라군을 한번에 볼 수 있어.

나는 학교에 다녀.
너도 학교에 다니니?
나는 체육 시간을 가장 좋아해.

나는 학교 수업이 끝나면
친구들과 바다에서 수영을 해.

새하얀 모래가 깔린 바닷가를 본 적 있니?
투발루에는 멋진 가면을 만들 수 있고
하루 종일 뛰어놀 수 있는 모래사장이 있어.

할아버지가 말하기를 내가 태어나기 전에는
새하얀 모래사장이 축구를 할 만큼 넓었대.

할머니가 말하기를 내가 태어나기 전에는
맛있는 풀라카 나무가 초록색이었대.

아빠가 말하기를 내가 태어나기 전에는
높다란 코코넛 나무가 빼곡히 많았대.

내가 할아버지처럼 어깨가 단단해지고
할머니처럼 손이 커지고
아빠처럼 다리가 길어지는 날이 오면

여기 이곳, 투발루는
바닷속으로 사라질지도 모른대.

바다가 점점 높아지기 때문이야.

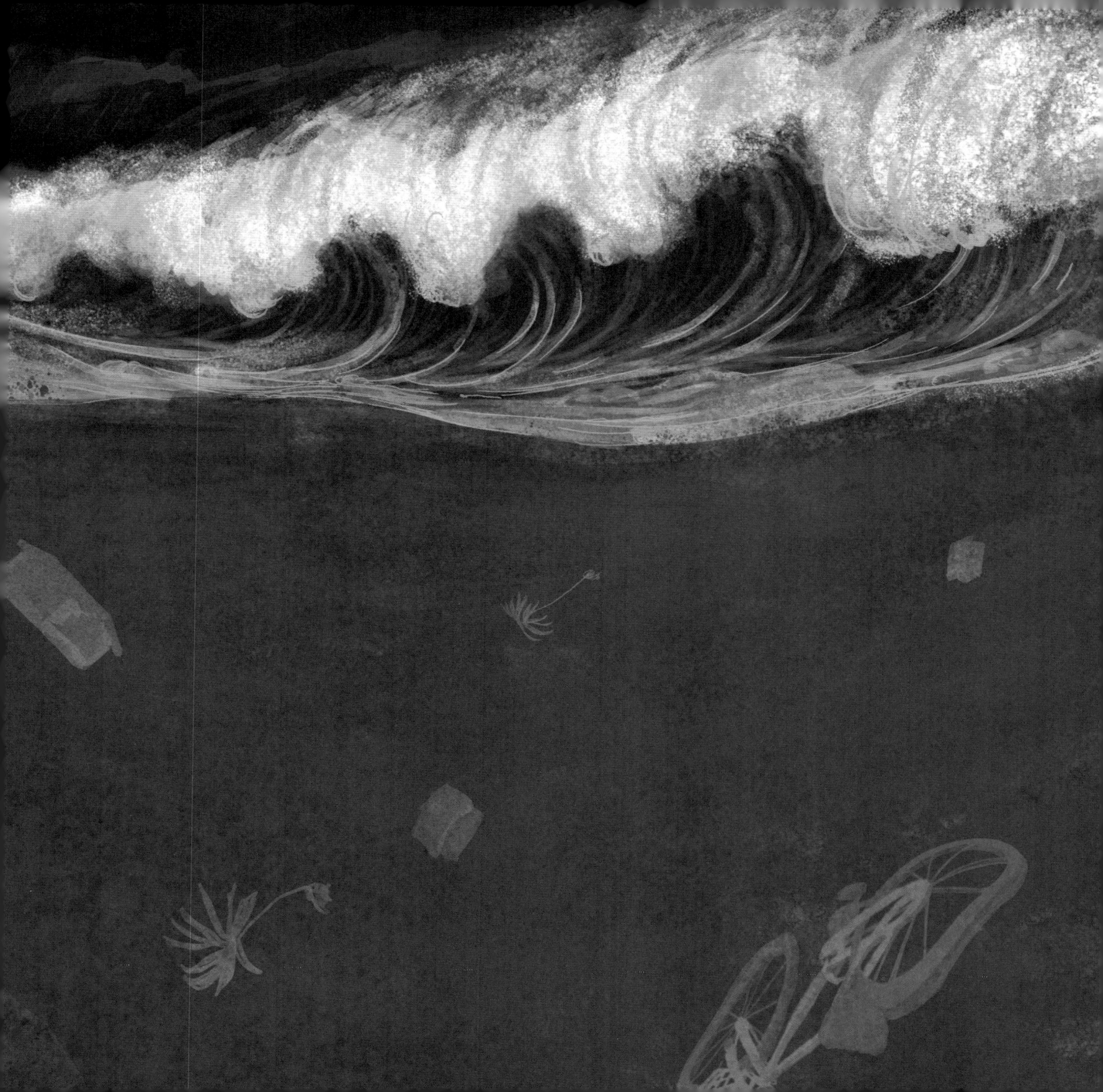

높아진 바다는 땅속으로 스며들어 땅을 아프게 하고

집으로 가는 길까지 삼켜 버리지.

바다는 점점 더 높아져 우리 집까지 찾아왔어.
나는 책상과 의자 그리고 침대를 위로 옮겼어.
우리 집은 점점 더 높아지고 있어.

오늘은 엄마가 꽃들을 엮어 왕관을 만들어 줬어.
나는 왕관을 쓰고 우리의 투발루를 위해
춤추고 노래 부를 거야.

내가 키가 커지는 날에도 나무들아 살아 줘.
내가 힘이 세지는 날에도 해변아 있어 줘.
내일도 모레도 오래도록 이곳을 아낄 수 있게 도와줘.
우리의 투발루를 함께 지켜 줘.

나의 마음이 바람을 타고 너에게 들리기를.
투발루는 너와 나, 우리의 섬이야.

우리나라가 사라진다면 어떨까요?

투발루는 여러 작은 섬으로 이뤄져 있어요. 투발루의 수도인 푸나푸티는 평균 해발 고도가 2.2m로 바다와 거의 비슷한 높이예요.

투발루는 남태평양 한가운데에 있는 아름다운 산호초 섬이에요. 오랫동안 산호초가 쌓이고 쌓여 만들어진 섬으로 면적이 26km²밖에 되지 않아요. 그런데 이 작은 섬이 사라질 위기에 처했어요. 바로 지구 온난화로 해수면이 높아져 땅이 바닷물에 잠기기 시작했기 때문이에요. 투발루는 평균 해발 고도가 3m가 되지 않을 정도로 아주 낮아요. 대부분의 지역이 해수면과 높이가 같지요. 그래서 조금만 바닷물이 불어나도 땅이 물에 잠겨 버려요. 여러분의 집이 바닷물에 잠기면 어떻게 될까요?

투발루 정부는 투발루의 해수면이 매년 약 0.5cm씩 상승한다고 발표했어요. 이대로 간다면 30~60년 뒤에는 투발루가 거의 바닷물에 잠길 거라고 진단했지요.

지구 온난화란 지구의 온도가 점점 높아져서 기후를 비롯한 동식물들의 생활 환경이 바뀌는 현상이에요. 지구 온난화로 인해 남극에 있는 빙하가 녹아서 바다로 흘러들어 바닷물의 높이가 높아지고 있지요. 빙하가 녹는 속도는 해마다 점점 빨라지고 있어요.

우리가 농사를 지어 쌀을 먹듯이 투발루 사람들은 풀라카를 재배해 먹어요. 하지만 짠 바닷물이 육지로 밀려들면서 풀라카 재배에 큰 어려움을 겪고 있어요.

아이 뒤편으로 커다란 물탱크가 보여요. 물탱크에는 '호주 정부 원조 프로그램'이라고 쓰여 있어요. 투발루는 바닷물이 육지로 침투해 물이 아주 부족해요.

그렇다면 지구 온난화의 원인은 무엇일까요? 여러 가지가 있겠지만 가장 큰 원인은 산업의 발달로 석탄이나 석유와 같은 화석 연료를 많이 사용하기 때문이에요. 화석 연료를 사용하면 이산화탄소가 발생하는데 이산화탄소가 지구를 감싸 지구의 온도가 점점 높아지지요. 이것을 온실 효과라고 해요. 대기 중에 있는 이산화탄소량은 1700년대 후반, 산업 혁명이 시작된 이후 30% 이상 늘어났고 지구 표면 온도는 지난 100년 동안 0.7℃ 올랐어요. 이대로 지구 온난화가 계속되면 투발루뿐 아니라 우리나라도 예측할 수 없는 변화를 겪을지 몰라요.

투발루 땅이 물에 잠기면서 투발루 사람들이 사용할 수 있는 물이 없어지고 있어요. 사람들이 마시는 지하수에 바닷물이 섞이면서 짠물이 되었기 때문이지요. 그래서 비가 오면 빗물을 받아 사용하는데 그 양이 충분하지 않아 물이 부족하다고 해요.

또 투발루 사람들의 주요 식품원이었던 코코넛 나무, 풀라카와 같은 농작물도 바닷물이 밭으로 유입되어 죽어 가고 있어요. 이제 투발루는 더 이상 식물도 자랄 수 없는 땅이 되어 가고 있어

투발루는 남쪽 끝에서 북쪽 끝까지 오토바이로 20분이면 닿아요. 양쪽으로 바다가 있고 땅의 폭은 약 20m에 불과하지요.

바닷물이 넘치지 않게 시멘트로 벽을 쌓고 있지만 임시방편에 불과해요. 바닷물이 언제 차오를지 모를 위기에 처해 있어요.

요. 게다가 바닷물에 밀려 들어오는 어마어마한 쓰레기로 골치를 썩고 있답니다. 쓰레기를 소각할 땅이 없어 쓰레기가 점점 쌓여 가고 있지요.

투발루는 전 세계 이산화탄소 배출량의 1%도 차지하지 않지만 세계에서 최초로 기후 난민국이 되었어요. 기후 난민은 지구 온난화 등의 기후 변화로 인해 삶의 터전을 떠나야 하는 사람들을 가리키는 말이에요. 위기에 처한 나라는 투발루뿐만이 아니에요. 지상 최대의 휴양지인 몰디브, 해가 가장 먼저 뜨는 나라인 키리바시 등 44개의 섬나라들이 사라질 위기에 놓여 있어요.

투발루 정부는 호주, 피지 등 이웃 나라에 국민들을 이민자로 받아 줄 것을 호소했지만 뉴질랜드를 제외한 나라들은 모두 거부했어요. 뉴질랜드도 조건에 맞는 적은 수의 사람만 이민을 허락했답니다. 이주하지 못한 투발루 국민들은 어디로 가야 할까요?

그럼에도 투발루 국민들은 침수를 피하기 위해 방조제를 쌓고 염분에 강한 맹그로브를 심는 등 많은 노력을 기울이고 있어요. 맹그로브는 염분에 견딜 수 있어서 해양에 심을 수 있는 독특한

지는 해를 벗 삼아 투발루 아이들이 야자수 그네를 타고 있어요. 이들 세대에게 고향 땅을 물려주는 것은 지구촌 모두의 책임이에요.

해변에 임시로 둑을 만들고 벽돌을 쌓아 바닷물 침투를 막고 있지만 역부족이에요. 국제적 지원이 필요해요.

나무예요. 맹그로브는 엄청난 양의 이산화탄소를 흡수해요. 또한 수많은 뿌리가 뒤엉켜 있어 태풍이나 지진, 해일 등 다양한 자연재해로부터 천연 방파제가 되어 줘요. 물속 뿌리 사이의 틈은 새우와 게, 각종 물고기들의 은신처가 되며 새로 태어날 물고기들의 안전한 보금자리가 되기도 하지요.

  지구의 기후 변화는 한 나라의 노력만으로 해결할 수 없어요. 모두 힘을 모아 해결해야 할 중대한 문제이자 과제이지요. 만약 우리가 살고 있는 집과 이 땅이 갑자기 사라진다면 어떨까요? 투발루를 지키기 위해 우리가 할 수 있는 일은 무엇일까요?

  대중교통을 이용해 석탄이나 석유와 같은 화석 연료의 사용을 줄이고, 친환경적인 제품을 사용하고, 일회용품이나 플라스틱의 사용을 줄이고, 전기와 가스 등 에너지를 아끼는 여러 가지 방법이 있을 거예요. 푸른 별 지구의 푸른 섬 투발루가 사라지지 않고 투발루 어린이들이 그곳에서 신나게 뛰어노는 미래가 펼쳐지면 좋겠어요.

참고 자료

얀 손힐, 『지구가 아파요』, 다른, 2009

김춘이, 한겨레 환경생태 전문 웹진 [가라앉고 있는 섬, 투발루를 가다], 2009

김찬환 외, 『시사논술 개념사전』, ㈜북이십일 아울북, 2010

정종오, 아시아경제 [기후 변화를 읽다], 2017

천재학습백과, [새끼를 낳는 나무가 있어요] 천재교육

우리의 섬 투발루

글·그림 민이오　**사진** 정종오
초판 1쇄 발행일 2019년 8월 5일　**초판 5쇄 발행일** 2022년 12월 20일
펴낸이 박봉서　**펴낸곳** (주)크레용하우스　**출판등록** 제1998-000024호
편집 임은경·이민정　**디자인** 이혜인　**마케팅** 한승훈·신빛나라　**제작** 김금순
주소 서울 광진구 천호대로 709-9　**전화** (02)3436-1711　**팩스** (02)3436-1410
홈페이지 www.crayonhouse.co.kr　**이메일** crayon@crayonhouse.co.kr

글·그림 ⓒ 2019 민이오
이 책에 실린 글과 그림은 무단 전재 및 무단 복제할 수 없습니다.

ISBN 978-89-5547-622-4 74810

이 도서의 국립중앙도서관 출판시도서목록(CIP)은 서지정보유통지원시스템 홈페이지(http://seoji.nl.go.kr)와
국가자료공동목록시스템(http://www.nl.go.kr/kolisnet)에서 이용하실 수 있습니다.(CIP제어번호: CIP2019028460)